Dépôt légal : OCTOBRE 2020

ESPRIT DÉLICAT

RITZENTHALER

Jérôme

Table des matières

Présentation

Né en 1989, à Colmar, je suis issu d'une famille modeste. J'ai grandi dans un petit village rural du Bas-Rhin, entre notre appartement trop petit et la ferme de mes grands-parents, retraités des vignes et de l'élevage de bétail.

Je porte en mémoire, une enfance marquée de traumatisme. Tout petit déjà, à l'âge de 3 ans, j'ai chuté devant une voiture et manquais de me faire renverser, je suis sorti indemne de cet incident. A 5 ans, j'ai subi des attouchements sexuels, à 7 ans. J'ai reçu un tir de carabine à plomb dans la tête me blessant que légèrement.
J'ai 14 ans, lorsque mes parents se séparent, le drame est évité de justesse, quand je retire des mains de mon père, le fusil qu'il avait chargé pour tirer sur ma mère.

Depuis mes 15 ans, je suis atteint de la maladie de Crohn. Mon quotidien se transforme alors en enfer. La prise de médicaments, les hospitalisations puis la dépression, l'alcool et les drogues, que je consommais, à outrance pour fuir mon existence tel été mon lot quotidien. Dans ces moments sombres, l'écriture m'a permis d'exprimer mes douleurs, d'une noirceur intense.

Depuis 2016 je souffre d'une spondylarthrite ankylosante et depuis 2019 d'une cholangite sclérosante primitive qui a évolué en cirrhose. Je surmonte mes problèmes de santé notamment grâce à l'écriture et à ma passion pour la musique, les chansons à textes.

Mon hypersensibilité me permet de m'exprimer et de me mettre dans la peau des personnages et des acteurs de mes poèmes. J'imagine leurs sensations et leurs émotions. Je les ressens comme étant les miennes, c'est avec spontanéité que je délivre des poèmes sensibles et intimes, parfois romantiques, tantôt funestes.

Je n'ai malheureusement jamais voyagé, j'ai lu quelques livres, j'aime beaucoup l'humour, je suis aujourd'hui marié et père de deux enfants, et j'ai lutté contre les dépendances, je suis fier de m'en être débarrassé.

Ma plume se nourrit de mon expérience, c'est sans retenue que je me confie sur mon vécu, mes inspirations, mes douleurs, mes rêves. Ce livre contient l'ensemble des poèmes composé depuis plus de 15 ans, il est le reflet de mon existence.

J'ai l'espoir de partager et de susciter des émotions à vous lecteurs, au fil des mots, au bout de chaque page, je vous invite à découvrir mon univers.

Ce livre est comme vous, comme moi, pour vous et moi, esprit délicat.

Un poète

J'expire mon inspiration,
J'exprime mon interprétation,
Ça coupe la respiration,
Ça exalte les sensations,
Ce n'est pas aussi bon qu'une ovation,
Heureuse excitation,
Douce fusion,
L'esprit et la passion,
Provoquent une explosion,
Tu vois, je ne maîtrise plus mes émotions.

L'aquarium

L'esprit si léger.
Nage insouciant.
Sans souci du temps,
De rivière en rivière.

L'homme voyage.
S'en va, pour la beauté des images.
Sans souci de son âge,
De paysage, en paysage.

L'humain sonne mon âme.
Mon destin deviendra-t-il un festin,
Mon passé marin,
Mon avenir bigame,

Comme un doigt dans un gant,
Je me plais dans mon élément,
Dans ce paysage intime,
Ce bassin infime,

Sera mon bercail,
Pour y baigner mes écailles.

Les Combattants

La légende raconte,
Il y a plus de six mille ans,
Sur un continent vaste et protecteur,
Où, de nombreux voyageurs se sont agenouillés,

Mes ancêtres fiers et forts,
Pouvaient survivre dans les traces d'un sabot de bœuf rempli
d'eau.
Leur armure colorée, faisait fuir leurs ennemis.
Dans les eaux claires des rizières,

Le sang coula.
Mon espèce,
La plus féroce de toutes, connut la victoire et le succès.
Durant plusieurs centaines d'années,

Notre estime et réputation furent respectées de tous.
Les duels mortels n'ont jamais fait disparaître notre nom.
Je renais des terres de mon passé.
Aujourd'hui j'arbore les couleurs du sang de mes
adversaires.

Je possède en moi une force ancestrale,
Je ne meurs pas, je me bats.
Je suis, Trey Krem. *
Je suis, combattant du Siam.

*Trey Krem : nom donné aux combattants en Khmer

L'aviateur

J'irais crever le plafond,
J'irais me noyer dans le coton,
Vous admireriez mon visage,
Lorsque, je franchirais les nuages.

Mon nom marquerait l'aviation,
J'imagine des révolutions,
Je m'évaderais de mon corps retranché,
Je survolerais la planète habitée.

Je serais au départ déterminé,
J'aurais des destinations éloignées,
J'aurais pour unique horizon l'espoir,
Vous n'auriez qu'à lever les yeux pour m'apercevoir.

Je serais tout là-haut,
L'indigne et le héros,
J'élèverais ma voilure dans la fragilité,
Je soulèverais dans le bleu azur l'humanité.

Chemtrails

Kérosène dans mon ciel,
Forme des ficelles,
Aux douceurs cancérogènes,
Quand les pilotes des avions,
D'une nature sordide,
Inondent la quiétude,
Les lendemains ensoleillés
Les deux-mains. Meurtriers.

L'enfant d'or

Le ciel est le jardin,
Des pilotes en herbe,
Ils cultivent des rêves sereins,
Dans des nuages superbes.

Tous les matins sont des butins,
Fruit du désir des bambins,
Que le soleil étreigne,
Dans un savoureux câlin.

La lune aussi est magique,
Elle dévoile une piste aux étoiles,
Où décollent des songes féeriques,
Où les cauchemars mettent les voiles.

Toutes les nuits sous les paupières,
Ils quittent la terre à leur manière,
Guidés par les fuseaux horaires,
Naissent des horizons spectaculaires.

Le zythologue

Je suis alangui au pied de mon verre,
De blonde de brune, ou de rousse,
Aucune n'en est jalouse,
Je les ai mariées parfois amer.

Je me passionne de leurs robes,
Elles sont frivoles et sérieuses,
Leurs délicatesses s'enrobent,
De parfums subtils et délicieux.

Elles sont mes retrouvailles au printemps,
Dans la fraîcheur poivrée que j'aimais tant,
Elles sont autant de finesse,
De ma romantique jeunesse,

Elles sont autant de vestiges,
Dans leurs fragiles sarcophages,
Elles sont autant de vertiges,
De redoutables breuvages.

Dans le frimas, fidèles aux traditions,
Leurs perles d'or gravitent,
Elles s'admirent et se méritent,
Elles m'inspirent sans modération.

Elles naissent sur mes terres,
Leurs mystères ruissellent dans mes artères,
Épris de leurs effluves d'éthanol,
De leurs alchimies brassées, naissent des amitiés.

Elles sont des orfèvres de bagatelle,
Paré de blanches dentelles,
Je plonge mes baisers brulants,
Elles sont d'un charme succulent.

Dans un jour parfait,
Etendu dans mon écrin capitonné,
Mon péché mignon, c'en est terminé,
De bière, en mise en bière, j'ai succombé.

Souvenir D'autrefois

Ce vieux village de France,
Carcan du territoire de l'enfance.
Dans nos jardins d'enfants,
Nous avons cultivé des souffrances
D'une tendre main.
Où sont donc passés les amis ?
Les rires incessants pleuvaient,
Comme tombait la pluie de novembre.

Les murs décrépis témoignent encore,
Nos indélébiles traces de vie.
Les orages d'été ont tout emporté.
Nous rêvions de ne jamais vieillir,
Des années sans lumières ont filé,
Comme des comètes urgentes.
J'ai 5 ans, je suis le roi, j'ai des jouets en bois,
Un vélo plus vieux que moi.

Les moineaux chantent pour moi persuadé,
D'être le seul à entendre leur délicieuse mélodie.
Le monde tourne autour de moi.
Les arbres se poussent,
Quand je passe en trombe.
Mes coudes saignent quand je mords la poussière.
Le goût du danger, le vent de l'espoir.
Les rues désertes étaient nos chemins,

Les jachères sur lesquelles nous nous détendions,
On vient s'y échouer sans attendre.
On faisait le tour cent fois du village d'autrefois.
Aux chutes de nos corps,
Aux gouttes de sang versé,
Aux écorchures, restées gravées sur nos genoux
Prends ton cœur sous ton bras,
Reviens voir l'échelle qui grinçait

.

Les échardes que les barreaux nous offraient.
Nos châteaux de cailloux,
Les routes cabossées,
Celles qui menaient au-delà des terres.
L'odeur, du foin séché
Qui remplissait la ferme des anciens.

La chaleur douce,
Du soleil qui brillait haut et fort comme le bœuf,
Qui régnait dans l'étable.
Le doux son de la rivière claire.
Et les parfums de glace
Le pouvoir de l'eau gelée,
En hiver comme à l'été.

Le modeste tracteur rouge nous promenait,
Sur les vergers jaunes de mirabelliers.
Les vignes sucrées étaient des confiseries,
Qui régalaient nos vastes appétits.

Les machines sauvages
Ont construit des autoroutes,
Déformé notre havre de paix.
Les paisibles horizons, s'en sont allés
Avec le silence.
Berceau de souvenirs impérissables,
De nos âges vulnérables
De simples gamins, qui voyaient de l'or
Là où, il n'y avait simplement rien.

Quand mes yeux se ferment,
Les rêves de gosse virent au cauchemar,
Lorsque, les couleurs pâles
Du parcours ordinaire d'un enfant,
S'étiolent, par le terrible sablier du temps.

Polaroïd

Sur mes photos un enfant
Rigole de toutes ses dents.
Dans ses yeux verts, on remonte le temps.
Simples moments d'instants suspendus.

Aujourd'hui parmi les clichés, Il me reste un vague passé
Dans un océan d'années.
Quelques souvenirs se sont noyés.
La grimace facile, l'apparence sage.

Dans cet insoutenable voyage,
J'ai le visage sans âge.
Je tiens dans mes mains,
Des morceaux d'images,

Emblématiques clichés de mon portrait,
La pellicule de mon destin.

Je l'ai vu grandir

Quand je regarde en arrière,
Je ne vois plus mon passé,
J'ai beau y repenser,
Tous nos rires sont des échos,

Que le temps a étouffé.
Mes souvenirs sont les pires,
Les meilleurs sont ailleurs.
Perdus comme un chien des rues.

Nos rêves sont partis en fumée,
Pourtant on n'y croyait,
On a donné tout ce qu'on avait,
Mais le temps est un pilleur,

Qui enlève l'espoir aux enfants
Pour ne laisser aux grands que la peur.
À présent, tu peux lire dans mes yeux,
Que j'ai grandi et que,

L'enfant que j'étais, s'est enfui.
Mon âme légère s'est éclipsée,
Le jour de mes 15 ans, j'ai soufflé
Un dernier soupir ensoleillé,

Depuis, je traîne des pieds,
Je connais le goût de la douleur,
Mon esprit est si gris,
Comme un nuage qui pleure,

Mon ombre a fait pousser quelques fleurs.
Le cœur aux mille reflets de couleurs.

Évidemment, je suis.

M'sieur dame,

J'aimerais vous racontez quelques choses
Aujourd'hui, j'ose !
J'ai déjà eu 30 ans !
Évidemment, ça s'arrose.

Évidemment, j'avais 7 ans,
L'âge du premier verre de vin blanc,
Avouez que ce n'est pas anodin,
Un enfant qui boit en bouteille son raisin.

Je retiens ma respiration,
Au moment de vous en donner la raison,
J'ai subi des attouchements,
Tout s'explique, évidemment.
Évidemment, la missive de plomb,
Qui s'est abattu sur mon crâne de gamin
Sonné comme une convocation des divins
Me reviens le souvenir de la détonation,

Plus tard, j'avais 18 ans,
J'ai fumé évidemment,
L'âge du premier pétard et des suivants,
J'ai perdu mon enfance dans un nuage fumant.

Évidemment, c'étaient les intestins,
Ces douleurs insoutenables,
La maladie de Crohn m'a rejoint,
Pour une danse épouvantable.

À 20 ans, on croit avoir tout vu,
Évidemment, du mieux que j'ai pu j'ai tous bus
Les houblons à foison,
Les malts grillés et les bourbons.

Je l'admets, être malade a tout changé,
Je n'ai pas su faire autrement que de creuser,
Une tombe anticipée,
Évidemment, j'ai crevé.

Je suis vivant mais malheureux,
On fait de la place aux émotions
C'est le principe des rémissions,
Évidemment, on tombe amoureux

Alors on oublie un peu,
Les brancards les désespoirs,
On fait des enfants évidemment
On profite du moment présent.

Puis voilà autre chose,
Le foie se stéatose,
Cette maladie agressive,
C'est évidemment, la cholangite sclérosante primitive.

J'ai maintenant une cirrhose,
Évidemment, la vie n'est pas si rose,
J'ai tant abusé des mauvaises choses,
J'ai ma part de responsabilité, si je superpose.

J'ai jeté l'ancre où je n'avais pas pied,
J'ai coulé l'encre sur le papier
Désormais, je nage libre et inspiré
Désormais, j'écris sur les pages, libre et inspiré.

Je voulais vous conter mes maux,
Évidemment, j'ai choisi mes mots,
J'ai remplacé les rêves obscurs,
Par la courbe des mots sous les ratures,

Évidemment, je n'ai pas tous dit,
Et mettre ma vie en poésie,
Ce n'est peut-être qu'une fantaisie,
Cela mériterait sans doute une biographie.

Mais je voudrais vous dire,
Que même si évidemment je vis le pire,
Je partage ma peine et sans rire,
J'aimerais tellement vous voir esquisser un sourire.

Sans peine, sans honte,
Sans haine, sans tombe,
Je veux qu'on m'aime, si je tombe,
Je veux aimer, sans m'interrompre.

Covid-19

Dans le ciel, les nuages
N'ont pas de visages.
Ils sont des bouquets de coton,
Ils habitent le ciel, comme,
Des millions de brebis.

Ils ont tous la même destination,
Comme des milliers de gens qui s'en vont,
Dans un silence anéanti,
Les rues dépouillées, du rire des enfants,
L'espérance des ainés, nouée d'une douleur insensée.

Seuls les chants des oiseaux ont résisté au temps,
Seul l'écho de l'humanité, aux balcons refuse de succomber.
Une nouvelle frontière est née, de la bouche au nez,
D'une oreille à l'autre, dessous, l'horizon bleu,
Parfois vert, d'une paire d'yeux.

Le coton cousu, parfait d'un cocon cossu,
Le visage se dissimule,
À présent sans peur d'être ridicule.
Nos lendemains précieux,
Seront comme les jours anciens,
La prudence chantée, comme un refrain.

Nous revivrons des moments délicieux,
Si ensemble, nous en faisons le vœu.

Papy

Plénitude du pèlerinage,
En altitude, sentiers de vagabondages.
En balade, le long des beaux rivages.
Le reflet de jeunes visages,

Dans les torrents et les nuages.
Dans l'ombre de l'ancien personnage,
Les rires d'enfants en apprentissage.
La patience de l'âge.

Récompensé par le paysage,
On ne verra jamais plus belle image,
Pour papy, c'est la fin du voyage
Son souvenir pour unique héritage,

À travers le temps,
Il transmet son message.

Mon vieux

Ta vie est extra et ordinaire,
Comme un chanteur sans inspiration,
Sûr que tu vas trimer
Jusqu'à ta dernière respiration.

Tes douleurs tu les fais taire,
Les blessures tu les endures,
C'est peut-être ce qui me rend fier,
Tu as le courage de ne pas te mettre à terre.

Malgré les coups toi, tu restes debout
Faut dire que tu les caches bien
Tes moments noirs tes désespoirs.
Sûr que l'on a plus connu,

Les pleurs que les bonheurs,
Sur nos routes, ne poussent pas que des fleurs,
Nous on cultive de nos mains, un destin trop incertain.
Quand tu me vois tu souris tu as rarement failli,

On est de ceux qui ne montrent pas leur amour,
On sait bien que rien ne dure toujours,
Quand bien même on en profite tous les jours.
Alors tu as raison, à la sueur de ton front,

Tu as tous donné il ne t'est rien resté.
Selon moi tu as mérité mon respect et ma fierté,
Tu dis que tu as raté ta vie,
Selon moi tu l'as réussie,

Car si après tout je suis ici,
C'est grâce à toi, je t'en remercie.

Mon héritage

Sur mes maux de passage,
S'alignent, des mots passants,
Dans mes silences, je vide des verres,
C'est beau de l'air.

J'adoucis mon regard pervenche,
Au creux de tes hanches,
J'ai les yeux aux couleurs d'eau,
Tu as les reins beaux.

J'allonge dans le pré vers et poèmes,
Mon âme libre à ton corps s'enchaîne,
Aux doux baisers herbacés sur le vert laine,
Je t'aime à perdre haleine.

Le hameau du paradis

Dans les environs, il n'y a pas plus grand.
Qu'il a grandi le chêne blanc !
Il en a subi des tempêtes et des vents,
Déjà là depuis au moins cent ans.

Il en a vu passer des bonnes gens,
Il y a eu tous ces enfants,
Qui s'y appuyaient pour compter jusqu'à cent,
Qui couraient tout autour de lui et au fil du temps,

Les scouts et les écoliers y venaient prendre leur goûter,
Sous l'ombre de ce géant autrefois on venait s'abriter,
Du soleil ou de la foudre on se protégeait.
Parfois à ses pieds, de jeunes couples se formaient.

Au milieu de son écorce,
Un cœur et deux prénoms y sont gravés,
Les amoureux prenaient pour témoin le colosse,
Pour que jamais leur bonheur ne soit oublié.

Puis c'est le cœur noué,
Qu'il a vu partir,
Des femmes et des hommes, la gorge serrée,
Pour ne jamais revenir.

Sur son fertile pays alsacien,
Le plomb et l'acier écorchent l'écorce.
Le monde est parfois féroce,
La sève puissante il ne craint désormais plus rien

Voilà maintenant bien longtemps que personne n'était
venu...
À part, ce monsieur qui a toqué sur son tronc,
Comme on félicite un brave garçon.
Il a planté trois clous et ce curieux message

« Terrain vendu »

Le matin suivant de toutes ses branches il trembla,
Une armée de bûcherons munis de haches s'avançait,
Le promoteur immobilier se vantait,
Cet arbre fera un parfait escalier.

Un sublime papillon y logeait,
Cet être majestueux
Surprenant de rareté
Et d'une étrange beauté.

Le juge déclara
Habitat naturel espèce en danger
Si bien que le grand chêne blanc fût sauvé.
Les sains louangeurs

Ont choisi comme blason
Un magnifique papillon blanc
Le séculaire trône fier sur la place,
Au hameau du paradis.

Seul

Solitude quand tu te dénudes,
Je m'approche de toi,
Mais tu ne me veux pas,
Tu me rejettes.
Et je ne comprends pas
Pourquoi ?
Je me retrouvais seul,
Ça ne me plaît plus !
Et soudain cette voix,
Tu me voulais, me voilà.

Le rêve

J'aimerais faire le tour du monde,
Te dire qu'à la fin il n'y a pas qu'une tombe,
On se sent pousser des ailes,
Aucun matin ne sera pareil,

Tu me dis, on a l'air bête
À siffler dans des bouteilles,
Alors on partira sans savoir où l'on va,
Ce n'est qu'au réveil que j'ai compris

Que rien n'est parti
Tout est là, sauf toi
J'ai voyagé toute la nuit,
Sans jamais être sorti de mon lit.

Dans un lit de plumes

Quand tout paraît insouciant,
Tu parais content,
Mais ce n'est qu'une apparence,
Tout fout le camp,

Ton seul moyen de défense,
C'est la démence,
Avec décence dans le noir,
Tous les soirs,

Tu t'endors,
Pour tout recommencer encore.
Tout le monde est fou
T'es tout seul au fond du trou,

Ta vision c'est du flou,
Toi tu rêves de quitter cette terre
La même qui t'enterre
Quand paralysé dans tes pensées

Tu crois avoir trouvé une solution
Tu t'abandonnes dans un bonheur
Qui n'est qu'un leurre
Tu plonges dans un monde d'illusions

Qui te redonne goût à la vie
T'aimerais que ça dure tout le temps
Mais ce n'est qu'un instant
Chaque moment passé te retient encore ici-bas

Tu te libères, tu te perds
Dans ton lit de plumes tu as assez souffert.

Partir, se souvenir puis revenir

L'insomnie au feu de bois.
L'ennui est ton enfer.
Ta rage c'est l'aventure.
Un rêve à l'état pur.

La mort de la raison est si subtile.
Las de survie tu crains l'espoir.
La patte engourdie,
Tu traverses la nuit.

La lune comme Muse.
La solitude comme amie.
Sans te retourner,
Le souvenir est lointain.

Des nuits entières à t'en aller,
Toujours plus loin,
Tirant sur le fil d'la vie,
Avec cet air enfantin.

Au moment du dernier jugement,
Les dilemmes aux diapasons du temps.
Changer de destination,
C'est ta liberté ta décision.

Rentrer quelque part,
Sans doute… Sur la route,
Il n'est jamais trop tard.

Le chasseur de dragons

Je n'ai pas besoin d'un ange,
J'ai battu comme un sage,
L'enfer de passage,
Chaque jour je me venge.

Dans un silence sabbatique,
J'ai cédé ma place,
Mon antre s'est immolé,
Mon corps tout entier a chuchoté,

Seul mon refrain sera chanté.
Je resterai un fantôme,
Du genre humain.
Ce n'est pas si simple d'exister.

J'ai bâti un domaine,
Où l'inspiration sera mienne,
Combien y parviennent,
Sans être hallucinogène,

Je connais le néant,
J'ai embrassé le malin,
Il m'enfermait errant,
Dans sa terreur en déclin.

Son immonde reflet,
Inondait le monde défait,
Je lui ai offert la paix,
J'ai éteint sa rage désespérée.

J'ai dénoué les entrailles de fer,
Mon pas marque l'avènement,
Je porte sur mes épaules le cerf,
J'ai lutté démesurément.

Je ne suis qu'un géant,
Je porte sur le dos un dragon,
J'ai pour prénom,
Le chasseur de démons.

Mon vœu

Tu as fait de ma vie,
Le plus beau des tours de magie,
Tu as transformé le lièvre que j'étais,
En gentil petit, lapin,

Tu as fait disparaître mes doutes et mes chagrins.
Tu as fait apparaître l'amour et la tendresse.
C'est vrai, je dois le dire tu fais de mon quotidien,
Un vrai moment de délicatesse.

Alors à la manière d'un magicien,
Plein de maladresse,
J'aimerais lier nos mains et,
Ne jamais savoir comment les défaire.

Devant nos familles et amis,
Nous allons nous dire
Oui pour la vie.
Non ma chérie, cette journée n'est pas une illusion.

Je saurai taire tes douleurs, sécher tes pleurs, et chasser tes
terreurs.
T'offrir des bouquets aux mille couleurs, et des feux
d'artifice de bonheur.

Être romantique et te séduire,
D'un coup de regard magique.
On construit notre paradis,
Dans la confiance,

Loin de toute méfiance,
Main dans la main.
Les yeux dans les yeux,
Je ne prononcerai jamais de paroles pouvant te blesser,

Je n'aurai que des petits mots glissés à ton oreille,
Pour émerveiller chacun de tes réveils.
Je taillerai dans tes joues,
De larges sourires,

A faire rougir un clown,
Quitte à mourir de rire, mais plus jamais tu ne seras
tristoune.
Nos destins seront unis,
Dans la simplicité et la complicité,

Chaque jour passé à tes côtés,
Sont des bouffées d'air frais.
Tu égaies mes jours,
Tu occupes mes nuits,

Tous mes songes s'enfuient, comme par magie.
Grâce à toi mon amour.
Dans la souffrance et la joie,
Tu pourras compter sur moi.

Je serai ton homme, ton mari et un beau jour un bon père de
famille,
Ma chérie tu l'as compris.
Ce n'est pas bien compliqué,

Je n'ai peut-être pas de poudre de perlimpinpin,
Et je ne m'appelle pas Merlin,
Je ne peux te promettre un quelconque astre impossible à
décrocher.

Ni de vivre un véritable conte de fées
Tout ce que je te promets,
C'est de t'aimer,
Toujours plus jamais moins,

Tous les jours et sans fin,
Chaque seconde chaque heure
D'année en année
Et pour l'éternité.

Premières fois !

J'observe tes prunelles en orbite,
Telles, des galaxies qui dans la nuit
M'invitent au-delà des limites.
Mes doigts dévalent en délicatesse ton nez,

Comme tombe la neige et roule depuis les sommets.
Ma bouche se fait orpheline
De tes lèvres libertines.
L'insolente chaleur recouvre ta chair,

Doux brasier qui attise mon ardeur aurifère
Je m'échoue volontaire à ton estuaire,
Comme un pirate ordonnerait l'abordage
De son propre navire.

Peu m'importe l'endroit sur ton corps.
J'y meurs, j'y revis, je chavire.
Chacune des secondes consumées, est un festin,
Où l'amour valse avec la mort,

D'une intime danse, horizontale.
De notre ultime virginité en cavale.

Je l'ai croisée

Dans ses yeux pétille la vie,
Alors que dans les miens tout est éteint,
Elle semble inaccessible.
Je parais invisible.

Je ne peux l'approcher,
Je la regarde passer.
Son sourire léger m'étourdit.
Dans ce long couloir elle disparaît

Je n'ai plus qu'à l'oublier,
Oui mais…,
Son image me frappe,
Son image cogne.

Au fond de mon être,
Le désir de la revoir est si fort,
Sentir la présence de son corps,
Nos âmes seront parfaites.

Elle me hante,
Elle ne le sait pas,
Et pourtant j'en rêve,
Je la désire en silence.

Cette histoire n'est qu'utopie,
Mais se répète sans cesse,
Une inconnue de plus,
Un couteau dans une plaie.

Un rêve illusoire
Je reste là, seul, figé.
Le temps passe
Les images restent.

L'ange élu

Je suis là,
Parmi les rires je perçois
Quelques éclats encore, ici et là,
Parmi les sourires, j'exauce vos joies.

Je suis là,
Parmi les soupirs, dans vos voix ébranlées,
Parfois devant vos larmes d'acier,
J'ai délaissé les armes pour la paix.

Je suis là,
Je saigne, aussi à l'encre bleue,
Du haut de mon nuage,
Je revois tous vos visages.

Je suis là,
Quand la vie s'effondre, je suis,
Dans vos silences infinis,
Quand la vie s'efforce, je crie de toutes mes forces.

J'étais là, j'étais l'un d'entre vous,
Je suis là, je suis dans vos cœurs,
Je serai là juste au-dessus de tous.

Ecole buissonnière

Tu sais, les portes étaient ouvertes,
Il suffisait, de franchir le pas,
Mais cet été, tu n'y étais pas,
La plage fut déserte.

J'ai trouvé de l'air,
Dans la pureté d'un ciel bleu,
J'ai pensé un moment à toi, sans colère.
Puis je suis parti, libre et harmonieux.

Tu aurais admiré,
Le paysage pétrifié,
Le sable chaud,
Les vagues sur nos peaux.

Tout seul j'ai hésité
Tout seul j'ai regretté
Mon plaisir amer,
Ton absence singulière

J'ai eu le mal de toi,
Le cœur serré,
Mais les portes, s'étaient refermées,
Telle une plaie cicatrisée.

Je suis infiniment loin,
Et nos souvenirs sont au-delà,
Le silence pour seul refrain,
Je ne rentrerai pas.

Au milieu de la nuit

Au milieu de la nuit,
Je sirote un fruit,
Macéré dans l'ennui,
Au feu de l'insomnie.

Un dernier verre,
Une dernière cigarette.
La bouteille n'est jamais pleine,
Le paquet toujours vide.

Une perfusion au goutte-à-goutte,
Tout le temps j'en rajoute.
Je prends la route,
D'un destin en déroute.

Rentrer quelque part sans doute.
Tu vois j'ai vraiment besoin de toi.
Pour éventrer le temps,
Me perdre dans les champs.

Partir pour mieux revenir,
T'oublier puis y repenser.
Juste le temps de compter jusqu'à trois.
Mon manque me ramènera chez moi.

Au fond de la nuit

Je porte à ma bouche tes lèvres,
Chaque baiser me surprend,
Doucement ta chaleur descend,
Le long de mon corps,

Pour mon plaisir tu t'évapores,
Quelques cendres sont passées,
Que tu t'en ailles déjà,
Au fond de mes yeux tu te déverses,

Quitte à déborder sur les côtés,
Je tiens à te garder à mes côtés
Juste pour finir la nuit,
Grâce à toi j'en vois enfin la beauté

Dans ta fumée je m'enfuis.

Notre bonheur

À l'aube de mon bonheur,
Il y a ton sourire débordant de chaleur.
C'est bien plus qu'un besoin,
Une envie qui jour et nuit résonne.

Qui t'appelle les jours de pluie,
Et sur ma peau brûlée frissonne,
Il ne sait pas comment te dire,
Il ne sait pas comment écrire.

Tous mes sentiments en couleur,
Comment faire comprendre ?
Les profondeurs de ma pensée,
As-tu seulement envie de savoir ?

Combien c'est compliqué.
Tous les mots sont dérisoires,
Et pourtant si beaux,
Comment prononcer ces mille pensées,

Sans te faire flancher,
Pourrions-nous nous confier sans crainte,
Et sans calcul,
Ne pas avoir peur du ridicule.

A l'aube de ma vie,
Il y a ta présence,
Sans toi mon cœur se brise,
Sans toi ma tête, ne pense pas mais,
Mon cœur te dit je t'aime.

Coeur-diaque

A nous deux on file le parfait amour,
Et Dieu merci on vit ça tous les jours.
Apprécier ces moments, dès le matin.
Passer mes mains sur tes reins.

Il n'y a rien de pire de ne pas te voir sourire,
Il n'y a rien de mieux que de te faire plaisir.
Sentir ton corps se blottir,
On va pouvoir se rendormir.

Ce matin tu dois reprendre le train,
On se revoit le lendemain.
C'était sans compter sur le destin,
Je me souviens on s'est fait un dernier petit câlin

Quand tu t'es éloignée sur le quai.
Je me suis senti léger incapable de bouger
Et j'ai fermé les yeux.
Et cette phrase « monsieur si vous m'entendez serrer ma
main »

Résonnait comme un souvenir lointain.
Mais je n'ai rien pu faire comme en enfer
Mon cœur a pris feu.
Je sais que tu pleures,

De mon côté je n'ai plus peur.
Je te vois assise à mon chevet,
Mon voyage aura été de courte durée.
Il y a tous ces médecins,
Qui essayent d'éponger ton chagrin.

Feu ! Mon amour.

Je me tiens comme hier,
Devant l'église où je t'ai laissée,
Les gargouilles hélas sont restées.
Elles ont gardé leur cœur de pierre.

J'ai laissé faner les mufliers,
Mais l'ancolie a jailli,
Comme le silence qui t'a remplacée,
Ces fleurs-ci ne sont plus si jolies.

Orphelin de tes faveurs,
Mon amour esseulé,
J'ai gardé mes mains rigides dans mes poches,
Lorsqu'ils ont sculpté mon nom sur la roche.

Sous cette terre désolée,
Mon âme dépouillée de ton regard,
Patiente d'être rejointe plus tard,
Sous la dorure des lettres gravées.

Éternel absence.

Je suis devenu inexistant.
Dans les étoiles je croise parfois.
Ton regard suspendu errant,
Dans l'infini l'espace et le temps.

J'ai perdu la notion élémentaire.
Je ferme les yeux un instant,
L'air silencieux sur l'embarcadère
Mon soupir flotte dans le vent.

Je n'entends plus ta voix de tendresse.
Comme une caresse sourde sur ma peau,
Ton souvenir éphémère criant dans l'averse,
S'éloigne et disparaît sur un rafiot.

Égarée mon ombre béate s'en va en silence.
Ma main froide seulette dans l'abîme immense,
Cherche ta présence immédiate dans l'errance.
La solitude et l'oubli, terrible alliance.

Ma détresse

Le goût amer du regret,
L'écœurant souvenir.
J'ai préféré taire,
Plutôt que me défaire.

Lorsque je repense…
Quand je panse,
Des plaies jamais refermées.
Cette violence qui parfois,

Mouille mes yeux.
Spectateur du bonheur,
Acteur du malheur.
En vérité, je ne suis nulle part,

Entre le bien et le mal,
Un démon en rémission,
Un ange en mission.
Il y a vous et il y a nous,

Mais aux abysses il n'y a que moi.
Une âme en terreur.

Le mirador du temps

J'en crève la nuit.
Ces utopies qui m'ont nourri,
Se heurtent les âmes démunies,
Poursuivi par l'hérésie tout mûrit.

Le temp nous prend de temps en temps,
On se répand au gré du vent,
Il t'en reste un fragment entre les dents.
De tous tes cauchemars d'enfant.

Le néant qui nous entoure,
Est gardé par des vautours
Il n'y aura plus jamais de jour.
J'entends à présent les tambours.

Marchons vers l'abattoir.
Au fond du grand trou noir.
Le dernier cri des géants,
Se fera dans un cri strident.

L'idole

C'est seulement une mélodie,
Une interprétation sans musicien,
C'est seulement une mélodie,
Un fantôme fredonne son refrain.

Nous ne le verrons plus,
Comme une habitude,
Nous ne le verrons plus,
Son absence ne serait qu'un interlude.

C'est seulement une icône,
Telle une rose qui se laisse cueillir,
C'est seulement une icône,
Aucun n'aurait l'idée de le détruire.

Nous ne l'entendrons plus,
Dans un silence anxieux,
Nous ne l'entendrons plus,
Il a rejoint les dieux.

Relation éphémère

Prends mes soupirs.
Donne-moi des larmes.
À trop mourir,
On pose les armes.

Ton doux mensonge,
Sous ton souffle,
Le temps s'allonge.
Et mes rêves s'effondrent sur tes phalanges.

Je t'aime trop fort ça te dérange.
Et mes rêves se brisent sur tes hanches,
Seul sur nos cendres,
Mon cœur en « équi-libre ».

Ta voix s'efface
De mes pensées.
J'apprivoiserai,
Ma liberté.

Là, sous mes yeux,
Des stalactites
Ont poussé quand j'ai lu ton post-it.
Toutes ces promesses,

Qui s'évaporent,
En toute détresse,
Je voulais t'annoncer,
Ma grossesse.

Le tableau

Les étoiles brillent,
Mon cœur obtient un sursis,
Avant de s'éteindre,
Il voudrait peindre,

Mon cerveau a laissé sa place,
Pour le laisser,
Exprimer avec grâce,
Comment sera ton bonheur,

Quand tu auras grandi.
L'âme jolie,
Je prends la mort,
En te donnant, la vie.

Octobre

Tandis, que se déverse sur mon âme,
La gerbe grise des cieux livides et immobiles,
Ciel ! Que seul un peintre réclame,
Le temps semble figer dans cette aquarelle pudique.

Le vent chuchote aux arbres des secrets,
Dans l'indifférence ôte l'ombre humide,
Des feuilles dorées pourtant adorées,
Par le poète aux prunelles candides,

Mon horizon est rompu par l'épais rempart,
Nul n'est de doute que ce granit séculaire
Dissimule des visages aux sourires fanés,
De ma plume soucieuse de l'ordinaire.

Ici, hélas, je contemple un été qui disparaît,
L'automne désolé sera son sanctuaire,
Aucun chagrin ne m'appartient en son cimetière,
Car quand une saison meurt une autre renaît.

Ciel

Céleste plafond trempé,
De ta lumière cendrée,
Nuance de galet,
Aux jaunes des feuilles fanées,

Les nuages cuivrés
Recouvre mon jardin hanté,
Par le silence glané
Du soleil évadé.

Constellation

Les astres suspendus,
Nous livrent un spectacle,
Lointain passé de miracle,
Cirque de paillettes revêtu.
Aux sans argent,
Aux rêves d'or,
L'homme sans tort,
S'endort impunément.
La grasse matinée,
Aux lourdeurs des appétits,
Effondre la nuit,
Dans le vif d'un soleil désolé.
Dans nos lendemains en miettes,
Naissent des matins lactés,
Le monde tire sa couette,
Sous un dôme étoilé.
Quand la sorgue tombe,
La terre fait sa pirouette,
L'aquarelle du jour s'estompe,
La lune apparaît discrète.
Nous sommes autant de tournesols,
A la conquête de jours qui jamais ne s'étiolent,
Pour que dans l'obscurité,
L'espoir continue de briller.

Dodo

Sous mes paupières closes
Fane la clarté morose
Éclot un petit coin de rêverie
Relique intime et paisible

Elles renferment des légendes
Des contes qui s'étendent
Du regard fermé au cœur tendre
Mon fuseau horaire s'allonge

Dans un noir complet
Apparaissent des âmes éternelles
Elles me jouent des ritournelles
Des berceuses enchantées

Dans le sommeil démesuré
Celui qu'on appelle le repos du guerrier
La bouche ébahie
Gronde tel un dragon endormi

Les rêves sont des perles
Au fil des heures dorées
Elles s'enfilent en un précieux collier
Mes nuits sont des parures irréelles

Le règne obscur glisse inévitablement
Laisse sa place au jour ordinaire
Le dormeur s'extirpe éperdument
L'inattendu réveil à mon entrain réfractaire.

Aeden

Les anges ont ton visage.
L'amour comme seul langage.
Ton prénom provient d'au-delà des nuages.
Tes yeux sont comme un phare sur le rivage,

Ils éclairent mes nuits et évitent mes naufrages.
Tes milliers de rires résonnent dans les coquillages.
Tu dessines sur des pages,
Des soleils pleins de courage,

Des arcs-en-ciel chassant les orages,
Des bonshommes sans âge,
La vie est un long voyage,
Où le temps n'est que de passage.

La douceur de l'enfantillage,
Fabrique des souvenirs,
Remplis d'allégories,
Elles sont les inspirations de ma vie.

Ma petite

Où sont passés tes petites dents de lait,
Celles qui disparaissaient le soir, sous ton oreiller.
Où sont passées l'odeur des fleurs que portaient tes oreilles,
Les sons de ta voix, tes rires et tes pleurs.

Où est passé le bleu jasmin du sang
Qui coulait dans tes veines d'enfant.
Où est passé la couleur grenadine,
De tes lèvres fines,

Leur douceur comme du velours.
Les retrouverai-je un jour ?
Tes baisers d'orfèvre,
Ta peau brûlante quand tu avais de la fièvre.

Où est passé le vert émeraude, de tes yeux
Qui perlait le matin quand tu appelais tendresse.
Où est passé ton sourire joyeux,
Quand je me faisais esclave et toi princesse.

Où sont passées la couleur et le parfum, de ton corps,
Velouté de pêche, tannins de miel, essence de merveilles.
Où sont passés tes jouets et tes dessins multicolores,
Ourson Pinson et lapin Popin, que tu serrais fort dans ton
sommeil.

Où sont passés les princes charmants,
Auxquels tu rêvais tant.
Le beau château les licornes et les fées,
Que tu soupçonnais d'exister.

Où sont passées toutes ces années,
Où sont les belles couleurs de l'été.
Tes cheveux dorés. Ton teint de poupée
S'est terni sur les photos qu'il nous restait.

Où sont passées toutes ces secondes à t'aimer
Tu manques à papa et maman.
Qui aurait pu penser ? Que la cruauté
Était simple, comme un jeu d'enfant.

Le blues du poète

Face à mon assiette,
Je n'ai personne à qui faire causette.
Je suis comme une chanson sans interprète,
Le moral dans les chaussettes,

Mes matins sont des défaites,
Mes nuits sont fluettes,
Je prendrais la poudre d'escampette,
Si seulement, je retrouvais mes lunettes.

Mon œuvre est aux oubliettes,
Je ne finirai pas mon omelette.
J'aimerais que l'on me cueille comme une pâquerette,
Me faire passion pour une fillette,

Qu'elle me chante à tue-tête,
Des chansons acidulées comme ma vinaigrette.
Je dois quitter la buvette,
Il y a ce type qui m'offre une cigarette,

Comme on en donne aux vedettes.
Je retourne seul sur ma planète,
Mon vaisseau est une mobylette,
Les passants sont autant de devinettes,

Fuyant comme des comètes.
Ma plume est inquiète
Ma muse est en miettes.
Mes pages sont désertes,

J'ai des idées discrètes.
Je noircis mon être,
Ma vie n'est plus que, légère bluette
J'ai le blues du poète.

Requiem pour un lapin

Mon lapin, j'ai une bonne,
Nouvelle
J'ai rechargé mon joli,
Fusil,
Je vais pouvoir te servir
Le plomb.
Tu seras plus tranquille
En civet.
J'ai pensé le monde,
Mien,
Je te mettrai la main,
Dessus,
Tandis que tu courais avec
Ta liberté.
Sur le chemin de
L'émerveillement,
Juste là-devant,
Toi,
J'ai tout gâché,
Juste là-devant,
Moi,
J'ai rompu,
L'amitié.
Sur La gâchette.
J'ai tué,
Surpris dans l'instinct,
Animal,
L'homme dans un instant,
Bestial,

Le silence d'uniques,
Détonations.
Les oiseaux effrayés,
Mais rassurés,
De voir le gibier,
S'écrouler
Je porte un sourire,
Abjecte
Sur mes,
Lèvres
J'entérine la paix et,
Le lièvre.
J'ai chassé en vin,
Rouge,
Je te dégusterai en pain,
Blanc,
Je serai blanchi de mon,
Larcin
Je ferai dès,
Demain,
Festin de ton petit,
Destin.

Loup

La lune est pleine
Et la meute est mienne
L'homme ne peut rien
Ni lances, ni feux
Ne me blesse
J'ai l'horreur au fond des yeux
Et peur de rien
Je dévore vos faiblesses
Mes hurlements jailliront
Avant la liesse
Moi le loup aquilon
Je ne saurais être tenu en laisse
Je suis une ombre
Qui ères sans foi ni lois
Au cœur des forêt sombres
Je guette ma proie
Pour lancer crocs blancs
Et marché seul
Les pates rouges de sang.

Ma folie t'emporte

Rappelle-toi le jour,
Lorsque tu as conduit toute la nuit,
Juste pour, me rencontrer le matin,
J'ai trouvé étrange,

Quand tu as dit que tout a changé
Je me sentais comme,
Si je venais de me réveiller
Tu disais que c'était le premier jour de ma vie.

Je suis content de ne pas être mort avant de te rencontrer,
Mais maintenant je m'en fiche,
Je pourrais aller n'importe où avec toi,
Et je serai probablement heureux.

Des choses, m'obscurcissent,
Il n'y a rien à dire,
Nous devons juste attendre et voir,
Peut-être cette fois-ci ce serait différent.

Je pense vraiment que tu m'aimes,
La douleur des jours anciens,
Ont marqué sur la peau des dessins,
Je serai certainement doux comme une crème.

Tu as retiré mes chaînes,
J'étoufferai de haine,
Celle qui se déchaîne sur tes os,
Nos corps calmes et paisibles seront le terreau,

Et je me passionnerai,
De ton corps inerte,
Cent nuits, sans vie,
Cent vies, sans nuit.

L'héro'

Dans les yeux pétrifiés,
De ses globules inanimés,
Le sang s'est figé,
La seringue dans le corps sidéré,

Elles se sont tues,
Les lèvres tordues,
Dans la douleur suprême,
Chaires de pestilence.

D'une peine absolue,
L'aventure piquante,
A résolu le détenu,
A la décomposition gisante

Le rat de la prison,
Viens renifler sans un frisson
L'air d'un camé,
Le prisonnier s'est évadé.

Je suis mélancolique

Je marche seul.
Dans une forêt sombre, bien sûr,
Où même les ombres ont peur.
Personne ne me suit,
Je suis seul.
Bien seul.
Il n'y a pas un bruit comme si, j'avais besoin de
comprendre.
Le décor ne change pas,
Les arbres sont noirs et sont des milliers.
Partout où je vais je suis seul.
Je ne ressens rien. Ni douleur,
Ni plaisir.

La sueur ne coule pas.
Les terreurs sont en moi.
Mon visage fait peur,
Tout est silence sur mon passage,
Je suis seul.
Roi d'un déclin. Empire,
Qui sombre dans un silence.
Insupportable espèce vivante.
La puanteur d'une créature que tout craint.
La lumière se cache elle me déteste.
Je ne cherche rien je suis là
Simplement seul rien que moi.

Le temps paraît infini.
Ni jour, ni nuit.
Seul le noir prédomine.
Je devine le vide devant,
Mais je fonce dedans.

Loin sont les gens,
Et le son de ma voix,
Ils me regardent moi le seul homme,
Marcher dans le noir le visage d'une tombe.
Lourd comme du plomb je n'avance pas.
Je fume comme un charbon noirci et cramé.
Le sourire en cendres.
Tordu comme un arbre noué.
La sève dorée est mon sang.
Tout coule épais et gluant.
Je suis seul,

Combattant battu,
Le temps m'offrira,
Un destin
Éternel dans la nuit,
Ou ébloui par le jour.

Raz-de-marée

Les marins diront, que j'ai de la bouteille,
Sous mon pont,
Je ne sais faire qu'un nœud coulant,
Je possède toutes les qualités du chien errant.

Certains boivent des verres,
En quelque sorte je fais pareil,
Sauf que moi je les déverse sur mes cahiers.
Quand la ville se déserte,

Je jette l'ancre sur mon univers terrestre.
Je n'ai pas de navire je dors par terre,
Je suis le naufragé de la société,
Je suis le Robinson de la cruauté.

La rue m'a pris

Tout a l'air si silencieux.
J'ai vu la nuit s'emparer,
Tout me paraît si vieux.
Les lumières et les âmes,

Ont déserté les lieux,
Tout est si gris.
Je n'arrive pas à dormir,
Foutu décor.

Pour une vie de pire,
Empire si gris.
Dans cette ville endormie,
Pour fermer l'œil,

Je rêve de partir,
Seul, sur les routes,
De France et d'ailleurs,
M'en aller coûte que coûte,

Et parcourir la terre,
Me promener dans les villes,
D'Amsterdam ou d'Ajaccio,
Mais au réveil,

Je suis toujours sur mon trottoir,
Je manque de sommeil,
Et je retrouve mes idées noires,
Que se passera-t-il aujourd'hui,

Dans ma vie sans vie,
Pas grand-chose.
Je retournerais dans ma névrose,
Je regarderais le ciel,

Et j'attendrais qu'il s'assombrisse.
Seule la nuit m'épanouit,
Je quitte mon trottoir,
Seul et dans l'oubli.

J'Aimerais...

Je n'ai plus ma place, ici-bas.
J'aimerais vous quitter.
J'aimerais n'avoir jamais existé.
J'aimerais qu'on m'oublie.

J'aimerais que vous restiez.
Je n'aimerais pas vous entendre pleurer.
Je n'aimerais pas faire de chagrin.
J'aimerais tout simplement en finir.

Ne plus souffrir.
J'aimerais, tout simplement prendre la liberté
De m'en aller.
J'aimerais tout simplement mettre un point final,
Au roman de ma vie.

Jour J

Le rêve d'un jour meilleur est une fatalité,
Puisque le temps passe comme
Les nuages dans un ciel noir.
Noir de haine.
Douleur et patience,
Le mal parvient en douceur.
La souffrance vécue comme une vengeance.
Pitoyable interprétation du bonheur.
Un jour la nuit tombe.
Dans le noir on sombre.
Pour sortir de l'ombre,
Il faudra survivre à l'hécatombe.
L'homme chasse pêche et pisse
Partout. Bientôt, la terre s'ouvre,
Pour tous nous engloutir,
Enterrer vivant pas le temps de mourir.
Les arbres nous étrangleront de leurs branches,
Les rires se mêleront aux cris alors,
Ils résonneront pour laisser place au calme.
Rayonner la lumière,
Une fois les yeux des aveugles ouverts.
Les éclairs crachent et arrachent le ciel,
Les veines promettent de lâcher.

Cette vision sombre,
Annonce un sommeil incertain.
Je remplis mon verre de honte,
Je bois au Tombeau,
Ce sang impur,
Plus nocif que le cyanure.
Avec ce goût amer la mémoire écorchée,
Se noie et se perd le futur macchabée.
L'odeur putride qui s'en dégage enivre le paysage,
Seules les couleurs reflètent encore le décor.
Notre absence comme un désir accompli,
Œuvre divine ou mauvais présage
Perpétré,
Allons enfants de la Patrie,
Nous décomposer en paix.

C'est ma fin

Je bois, je fume, je meurs.
Mon heure s'est pointée.
Je n'ai plus peur,
Je vais me flinguer,
Ma haine a mis la main dessus.
Je mets fin au calvaire.
J'ai la détente meurtrière,
Je vidange mon sang je meurs.
Ma trogne a pris l'air.
Je suis victime de vos rires moqueurs.

Requiem pour un poète

J'ai commis une rime,
J'ai de l'encre sur les mains.
Je suis un écrivain,
J'écris surtout en vain.

J'assassine torture et éventre,
Des tonnes de feuilles de papier.
Elles s'envolent sans laisser de trace,
Au fil des mots ma mémoire s'efface.

La violence comme un point
Dans la virgule.
L'amour m'a rendu
Sourd-muet
L'amour m'a déçu à souhait.

Je ne rêve plus du jour,
Où mon stylo dessine des sourires,
Sur des corps inanimés
J'ai la plume du retranchée.

J'erre dans un couloir,
Transparent dans le miroir.
Je sais qu'au bout j'ouvrirai une porte,
Ce que j'y trouverai peu m'importe.

Sous les ratures elle endure
Des sentiments noirs mais purs.
De mes histoires je n'en ferai jamais le tour,
Je vis toujours mon dernier jour.

Mon poème est un revolver,
Mes munitions sont ces vers,
Mes rimes s'emballent,
Elles ne sont pas létales.

Je serai l'absent grave
Au récit le poing sans entrave
Je crie tous les maux,
J'écris mon dernier mot.

Le dernier

Quand tu liras ces vers,
Tu seras certainement en colère,
Avant les temps austères,
Les enfants riaient sur la terre,
Quand tu liras ces vers,
Tu manqueras certainement d'air,
Avant les températures sévères,
Les enfants respiraient l'atmosphère,
Quand tu liras ces vers,
Tu auras certainement souffert,
Avants l'énergie solaire,
Les enfants puisaient le sang de la terre,
Quand tu liras ces vers,
Tu seras certainement exemplaire,
Avant le silence des mammifères,
Les enfants polluaient les rivières,
Quand tu liras ces vers,
Tu seras toujours mon petit frère,
Avant de disparaitre de l'univers,
Les enfants vivaient encore hier,
Quand tu liras ces vers,
Tu seras le dernier enfant, de la terre.